BEI GRIN MACHT SICH IHR WISSEN BEZAHLT

AF167008

- Wir veröffentlichen Ihre Hausarbeit,
  Bachelor- und Masterarbeit

- Ihr eigenes eBook und Buch -
  weltweit in allen wichtigen Shops

- Verdienen Sie an jedem Verkauf

Jetzt bei www.GRIN.com hochladen und kostenlos publizieren

Grundlagen des Verkaufsmanagements. Kundenorientierung, Führung und Controlling

Profi DHfPG

GRIN ☺

Bibliografische Information der Deutschen Nationalbibliothek:

Die Deutsche Nationalbibliothek verzeichnet diese Publikation in der Deutschen Nationalbibliografie; detaillierte bibliografische Daten sind im Internet über http://dnb.d-nb.de abrufbar.

ISBN: 9783346380814
Dieses Buch ist auch als E-Book erhältlich.

© GRIN Publishing GmbH
Nymphenburger Straße 86
80636 München

Druck und Bindung: Books on Demand GmbH, Norderstedt Germany
Gedruckt auf säurefreiem Papier aus verantwortungsvollen Quellen

Das vorliegende Werk wurde sorgfältig erarbeitet. Dennoch übernehmen Autoren und Verlag für die Richtigkeit von Angaben, Hinweisen, Links und Ratschlägen sowie eventuelle Druckfehler keine Haftung.

Das Buch bei GRIN: https://www.grin.com/document/989495

Deutsche Hochschule für
Prävention und Gesundheitsmanagement
Hermann Neuberger Sportschule 3
66123 Saarbrücken

Einsendeaufgabe

Fachmodul: Verkaufsmanagement

Studiengang: Fitnessökonomie

15.08.2016-17.08.2016

Frankfurt-Eschborn

WS 15

Inhaltsverzeichnis

1 Klassifizierung des Ausbildungsbetriebes

Tab. 1: Klassifizierung des Ausbildungsbetriebes

Name der An age und Standort:	,	" n 61231 Bad Nauhe m,	
	K ass f z erung / E nordnung		
An agenstruktur:	Gem schtes Stud o (453 Frauen, 347 Männer)		
Größe der An age:	1500 b s 2499 qm (1500 qm Gesamtf äche der An age)		
Pre sstruktur der An age:	30,00€ b s 59,99€ (45€ Brutto Monatspre s / Standardm tg edschaft: Jahresabo)		
Beschre bung der Kern e stungen:	Verkauf von M tg edschaften		

1.1 Verkaufsorganisation

1.1.1 Aufbauorganisation im Verkauf

Strukturell vollzieht sich der Verkauf von Mitgliedschaften beim „.

" auf Grund des geringen Organisationsgrades und Verkaufsvolumens arbeitsteilig über eine Kooperation der Funktionen „Service" und „Verwaltung" mit der Doppel-funktion „Fitnesstraining/Verkauf".

1.1.2 Ablauforganisation im Verkauf / Verkaufsprozess (Ist-Aufnahme)

Tab. 2: Qualitätsmanagementhandbuch für den Verkauf von Mitgliedschaften in Arbeitsgangfolgen (AGF)

Standard für Interessen tenanrufe	Standard für Wa k Ins	Beschre bung der Arbe tsschr tte der betr eb chen Organ sa t onse nhe ten
AGF 1: Organ sator sche Vorbere tung	AGF 1: Organ sator sche Vorbere tung	Bere tste ung von Infomappen (nk . Kursp an, Öffnungsze ten & M tg edschaftsvar anten) für „Serv ce" und „F tnesstra n ng/Verkauf" durch d e Verwa tung
AGF 2: Entgegennahme Interessentenanruf: Erste E ndruck st ent sche dend und das Z e st d e d rekte Term nvere n barung für e n Probetra n ng.		Mo Fr durch Tra ner, Sa & So durch Serv ce 1. Me den am Te efon und Begrüßung nach Tagesze t 2. Name auf Te efonot z vermerken 3. Übernahme Gesprächsführung 4. Term nvere nbarung (nutzenor ent ert und E nsatz von A ternat vfragen) 5. Term ns cherung (Verb nd chke t durch Te efonnummer, Adresse und „M tarbe ter n mmt s ch Ze t" 6. Term nbestät gung nk . Absageb tte und Anfahrtsbe schre bung 7. Te efonstat st k ausfü en
	AGF 2: Begrüßung des Interessenten	Mo Fr durch Tra ner, Sa & So durch Serv ce: 1. Gegense t ges Vorste en 2. Freund ches W kommenhe ßen
	AGF 3: Aushänd gen der Infomappe	Mo Fr durch Tra ner, Sa & So durch Serv ce
	AGF 4: Rundgang durch das Stud o	Mo Fr durch Tra ner, Sa & So durch Serv ce
	AGF 5: Informat on des	Mo Fr durch Tra ner, Sa & So durch Serv ce:

	Beraters	Or ent erungsgespräch
	AGF 6: Term nvere nba rung für e n Probetra n ng & Verabsch edung	Mo Fr durch Tra ner, Sa & So durch Serv ce: Term nvere nbarung (nutzenor ent ert und E nsatz von A ter nat vfragen), Term ns cherung & bestät gung
AGF 3: Begrüßung des Interessenten	AGF 7: Begrüßung des Interessenten	Mo Fr von 17 21:30 Uhr durch Tra ner: Nament che Vorste ung und W komenhe ßen
AGF 4: Sp ndsch üsse ausgabe	AGF 8: Sp ndsch üsse ausgabe	Durch Serv ce
AGF 5: Anamnese & Aufbau des persön chen Kontaktes	AGF 9: Anamnese & Aufbau des persön chen Kontaktes	Mo Fr von 17 21:30 Uhr durch Tra ner: 1. Bez ehungsgespräch 2. Ausführ che Anamnese
AGF 6: Probetra n ng	AGF 10: Probetra n ng	Mo Fr von 17 21:30 Uhr durch Tra ner: 1. Tra n ngsp anerste ung 2. E nwe sung n Tra n ngsp an
AGF 7: Anb eten e nes Getränkes	AGF 11: Anb eten e nes Getränkes	Durch Serv ce
AGF 8: Bedarfsana yse	AGF 12: Bedarfsana yse	Mo Fr von 17 21:30 Uhr durch Tra ner: 1. Mot ve und unbewussten Bedarf e z t eren 2. Bedarfsentw ck ung nach OPAL Methode (S cke , 2010) 3. Se bsterkennen des nd v due en Nutzens, Vorte s 4. Zusammenführen von nd v due en Mot ven und Prob em ösungspotenz a des Angebotes
AGF 9: Angebotspräsen tat on	AGF 13: Angebotsprä sentat on	Mo Fr von 17 21:30 Uhr durch Tra ner: 1. Produkt dent f kat on und hohe Wertvorste ung aufbauen 2. Pre spräsentat on
AGF 10: Absch uss der M tg edschaft	AGF 14: Absch uss der M tg edschaft	Mo Fr von 17 21:30 Uhr durch Tra ner: Absch uss über E nsatz von A ternat vfragen
AGF 11: Verabsch edung & Aushänd gen der In fomappe	AGF 15: Verabsch e dung	Mo Fr von 17 21:30 Uhr durch Tra ner: Gratu at on zur M tg edschaft und Bekunden von Freude an künft ger strateg scher Partnerschaft
AGF 12: Anfert gen des M tg edsauswe ses	AGF 16: Anfert gen des M tg edsauswe ses	Sonntags durch d e Verwa tung
AGF 13: E ngabe des neuen M tg edes n EDV	AGF 17: E ngabe des neuen M tg edes n EDV	Zum Monatsende für rechtze t gen Lastschr fte nzug durch Verwa tung

1.2 Vergleich mit den 13 Phasen des Verkaufs (Ist-Analyse)

Tab. 3: Vergleich der Qualitätsstandards des Verkaufsprozesses mit den „13 Phasen des Verkaufs"

Beschreibung der 13 Phasen des Verkaufs	Übereinstimmungen und Abweichungen zw schen Verkaufsprozess und den „13 Phasen des Verkaufs"
Phase 1: Zua ererst so te e ne **organisatorische und mentale Präparation** stattf nden (Van Eckert, 2005, S.51). Im Gespräch benöt gte Unter agen und Mater a en müssen bere tge egt werden (Haeske, 2008, S. 82). Der Verkäufer muss s ch m t a en vorhandenen Informat onen über den Interessenten auf das nd v due e Verkaufsgespräch e nste en (Sommer, 2009, S. 40 f.), se ne E nste ung überprüfen h ns cht ch se ner e genen überzeugenden Ro e a s Ver käufer, der prob em ösenden Verkaufss tuat on und des Kundens (Haeske, 2008, S. 83 f.). M t Grund agen des	Organ sator sche Vorbere tung erfo gt be m , " über d e Bere tste ung von Infomap pen für Serv ce und F tnesstra n ng/Verkauf durch d e Verwa tung m S nne e ner Arbe tsp atzgesta tung. E ne nd v due e E nste ung auf den Kunden st n cht mög ch, da ke ne Informat onen über den potenz e en Neukunden vor egen. D e Kontakt n t at ve egt be m Kunden, we cher den Ze tpunkt best mmt und ob er anruft oder vorbe kommt. Desha b st der rea e Ver kaufsprozess " n e nen Standard für Interessenan

Verkaufs, der Verhand ung, Argumentat onen und Überra schungen so te s ch gedank ch ause nandergesetzt werden (Hofbauer & He w g, 2009, S. 453), um (nnere) S cherhe t zu erre chen, d e s ch w ederum n äußeren Körpers gna en w dersp ege n so , um e nen kongruenten E ndruck hervor zurufen (Sommer, 2009, S. 40).

Phase 2: „Kontaktaufnahme": Der Interessent sucht nach Erfahrungs und Vertrauense genschaften n der Person des Verkäufers, um e ne E nschätzung vorzunehmen (Bruhn & Hadw ch, 2006, S. 17). D e Sympath e und das Vertrauen zum Verkäufer w rd auf das Unternehmen proj z ert (Schö de , 2005, S. 45). Der erste E ndruck und der Gesprächse n st eg s nd entsche dende Momente für den Ver auf der gesamten we teren Verhand ung (Hofbauer & He w g, 2009, S. 43; Katzengruber, 2007, S. 38 ff.), da es zu e nem Über strah ungseffekt kommen kann, nfo ge dessen be der Beurte ung von e nem wesent chen Merkma auf andere Merkma e oder Kr ter en gesch ossen w rd (Jung, 2006, S. 764).

Phase 3: „Aufbau einer persönlichen Beziehung": E n ausführ ches Bez ehungsgespräch w rd empfoh en, e n d rekter Gesprächs nst eg st nur geboten, wenn der Inte ressent anfäng ch e n kurzes Beratungsgespräch wünscht. Der Berater führt durch Fragen e n akt ves Gespräch zu a geme nen und spez e en, pos t v besetzten Interessen des Kunden (Bänsch, 2006, S.53), denn das F nden von Geme nsamke ten fördert Sympath e und den guten Draht (Van Eckert, 2005, S. 164). Durch fe nfüh ges Sp ege n des Ausdrucksverha tens (pac ng) können über Sp ege n neuro nen Sympath e und Harmon e erzeugt werden (Bauer, 2006, C. 10).

Phase 4: „Bedarfsanalyse": Durch akt ve Gesprächsfüh rung s nd „Aussagen des Kunden über se ne Wünsche, Z e e und Bedürfn sse" (S cke , 2010, S. 11) n Erfahrung zu br ngen. Mög che kaufentsche dungsre evante Faktoren (Mot ve, Emot onen, Werte und E nste ungen) s nd heraus zuf nden (Schü er & Fuchs, 2006, S. 36) und e n Hot Botton (Herman Ruess, 2006, S. 7) auszuwäh en. D e e z t erten Mot ve er auben es, be m Kunden d e Bedürfn sse und den Bedarf zu erm tte n bzw. zu verstärken. Zur Bedarfsentw ck ung kann das SPIN Konzept herangezogen werden. E ne E nwandvorbehand ung vorgenommen werden. Zum Sch uss so te der Kunde se nen nd v due en Nutzen se bst formu eren.

Phase 5: „Durchführung einer Angebotspräsentation": D e beste Mög chke t zur Überzeugung des potenze en Kunden st d e Nutzenargumentat on (Hofbauer & He w g, 2009, S. 463) anhand der Rege für Präsentat on „KISS Keep It Short and S mp e" (Van Eckert, 2005, S. 168). Für

rufe und e nen Standard für Wa k ns aufgeg edert. E ne menta e E nste ung kann nur vom ersten b s zum dr tten K nge n des Te efons stattf nden. Es w rd ver sucht den Entfa der menta en Vorbere tung durch e ne a geme ne Kundenor ent erung zu kompens eren. E ne heute bed ente Person st a s zukünft ger potenze er Stammkunde anzusehen. (Raab & Werner, 2005, S.21 f.). Innere S cherhe t muss aus Erfahrung entstehen. Der Unternehmensstandard für pass ve Te efonate f ndet s ch n AGF 2, h erbe st d e Bedeutung der Tona tät besonders hoch (erster E ndruck). In AGF 2 6 des Wa k ln Standards w rd versucht durch Aufnahme von B ckkontakt und e n freund ches Läche n sow e über Körperha tung, M m k, Gest k, K e dung und Auf machung Anmutungsqua tät zu b eten, dem Kunden Wertschätzung zu vers chern und s ch kommun kat onser e chternd auf den Kunden e nste en (Bänsch, 2006, S. 50). Be de Parte en so ten den jewe s ande ren Namen kennen, denn d e anfäng che und persön che Ansprache w rd s ch pos t v auf d e Bez ehungs ebene ausw rken (Bänsch, 2006, S. 53). F rmenk e dung standard s ert das Aussehen.

D e Verkäufer führen m t a en Kunden e n ausführ ches Bez ehungsgespräch m Rahmen des Anam nesegespräches (AGF 8 & 9). D e enorme Bedeutung von Kommun kat onsqua ät, Tona tät und Körperspra che st den Verkäufern bekannt. E n pos t ves, Ge me nsamke ten aufdeckendes, Gespräch über Interes sen und Vorerfahrungen m t F tness w rd gez e t ge führt. Neuro ngu st sche Programm erung w rd n cht deckend genutzt. D e V e zah an E nf ussfaktoren auf e ne gute Kommun kat on macht es notwend g m t jedem Kunden nd v due und f ex be e ne persön che Bez ehung aufzubauen.

D e Bedarfsana yse f ndet m t a en Kunden m Stud o statt. D e Verkäufer versuchen durch aufmerksames, akt ves Zuhören und Beobachten d e zugrunde egende Mot ve zu erkennen. D e Frage „Was hat den Aus sch ag gegeben, dass s e s ch ausgerechnet heute entsch ossen haben, h erher zu kommen?" erfo gt schon m Anamnesegespräch. Es g bt ke nen vorgefer t gten, perfekten Weg für den Ver auf e nes Verkaufs und es st d e Aufgabe des Verkäufers, jeden Men schen spez e e nzuschätzen (A themat sche Mot vthe or e). D e Bedarfsana yse w rd oft zu früh beendet. E ne Bedarfsentw ck ung und Se bstformu erung des Nut zens f ndet n cht mmer statt.

D e Nutzenargumentat on w rd für d e Präsentat on des Angebotes genutzt. Oft w rd eher e n a geme ner Nutzen kommun z ert, anstatt auf den e z t erten Hot Botton e nzugehen, daher st d e Angebotspräsentat on oft zu umfangre ch.

den e z t erten Hot Botton so en knapp und verständ ch Merkma e beschr eben, Vorte e aufgeze gt und der Nutzen ge efert werden.	
Phase 6: „Angebots- und Bestätigungsphase": D e nd v due en Vorte e werden nochma s aufgeze gt und d e pos t ve Bestät gung des Interessenten für das gemachte Angebot e ngeho t. Der Kunde so d e beste Lösung für se n Prob em se bst erkennen.	Durch Bestät gungsfragen w rd das pos t ve Ge sprächsk ma verstärkt und durch Suggest vfragen s chergeste t, dass der Nutzen des Angebotes verm t te t wurde. Oft verwendet werden d e Fragen „Können S e s ch vorste en h er zu tra n eren?" oder „Das st doch so, w e S e s ch F tness vorgeste t haben?". Es werden mög chst v e e „Ja's" e ngeho t.
Phase 7: „Entschluss für Fitness- und Gesundheitsan-gebote": „Kunden brauchen e ne rat ona e Entschu d gung für e ne emot ona e Entsche dung" (Dav d Og vy; Schü er 2008, S. 59). E ne genere e Zust mmung für F tness st vom Kunden e nzuho en. Der Kunde so s ch m t dem gemachten Angebot dent f z eren.	D e Grundsatzentsche dung „Ja zu F tness" w rd be m über d e Frage „W r können S e nur f t machen, wenn S e es wo en! S nd S e jetzt w rk ch bere t und mot v ert und sagen „Ja, ch w etwas für me ne F tness und me ne Gesundhe t tun"" forc ert.
Phase 8: „ Preispräsentation für die Mitgliedschaft": Der Verkäufer so te den Pre s e ngepackt n den s ch eröffnen den Nutzen und dam t re at v präsent eren. „Je wertvo er d e zu veräußernde Le stung dem Kunden ersche nt, desto pre sgünst ger w r s e s ch hm darste en" (Bänsch, 2006, S.79). Dem Kunden s nd d e Pre ssysteme zu erk ären und das für hn passende M tg edschaftsangebot herauszusu chen. D e Empfeh ung so te begründet werden.	Den Kunden w rd das Tra n ngspr nz p der Kont nu tät und Dauerhaft gke t der Be astung und das Interesse an der Nachha t gke t e ner Strateg schen Partnerschaft erk ärt. Me st w rd zu e ner 18 Monatsm tg edschaft geraten, um den Kunden mög chst ange vertrag ch zu b nden.
Phase 9: „Das „Ja" für die Mitgliedschaft": Der Interes sent muss den Pre s für d e M tg edschaft akzept eren. D e Wah e ner A ternat ven M tg edschaftsvar ante st mög ch, was mmer noch besser st a s ke ne Entsche dung oder das E nräumen von Bedenkze t.	D e Pre sakzeptanz und d e Wah e ner M tg ed schaftsa ternat ve s nd me st ke n Prob em.
Phase 10: „Preispräsentation für das Startpaket": Das zum E nst eg, zum Erre chen der Z e e, benöt gte Startpaket w rd verpf chtend angeboten. Attrakt verwe se m t bre tem Gegen e stungsspektrum	Über e ne Nutzenargumentat on werden d e besonde ren Le stungen n der Startphase der M tg edschaft herausgeste t, nsbesondere zusätz che Tra nerstun den.
Phase 11: „Vorabschluss": E ne Ab ehnung oder e n Zögern durch den Kunden so h erm t verm eden werden. E n fund erter Vorabsch uss st durchzuführen. D e Kaufbe re tschaft kann durch Absch usss gna e des Kunden beo bachtet werden. (Hofbauer & He w g, 2009, S. 481).	D e Verkäufer versuchen Absch usss gna e des Kun den zu beobachten und den Kunden das Gefüh e re ben zu assen, er hätte schon abgesch ossen. Auf Absch usss gna e w rd versucht zu warten, während n An ehnung an d e „Dre Schr tte Strateg e" von Katzen gruber (2007, S. 194) Übere nst mmungen aufgezäh t, offene Fragen angesprochen und gek ärt sow e fort schr ttsor ent erte Vere nbarungen getroffen werden.
Phase 12: „Abschluss einer Mitgliedschaft": Durch den Vorabsch uss st der e gent che Absch uss re ne Formsa che. Der Vertrag st vom Verkäufer auszufü en und der Kunde so te Ze t haben, um s ch a es n Ruhe durchzu esen und d e M tg edschaft zu unterschre ben.	Kurz und z e or ent ert w rd m t dem Kunden geme n sam der Vertrag für d e M tg edschaft schr ft ch n e derge egt.
Phase 13: „After-Sales-Phase": Der Kunde hat m t se nem Kauf geze gt, dass er vertraut und d eses Vertrauen g t es nun von Se ten des Unternehmens zu rechtfert gen (Van Eckert, 2005, S. 188). „Kaufreue" kann d e Bez ehung be as ten und pos t ve We terempfeh ung verh ndern. E n mög chst persön cher Kontakt zum Kunden st „d e u t mat ve	D e Verkäufer geben dem Kunden vor Ver assen des Stud os e ne pos t ve Entsche dungsbestät gung durch e ne Gratu at on zum F tnessbesch uss durch d e Be kundung „Ich freue m ch, dass S e be uns M tg ed geworden s nd und w r von nun an geme nsam Ihr Tra n ng organ s eren können".

1.3 Verkaufsprozessoptimierung (Ist-Kritik)

Gegenstand der Organisation ist die zielgerichtete Gestaltung von Strukturen und Prozessen im Unternehmen (Olfert, 2006, S. 47). Für eine zielgerichtete Gestaltung müssen zunächst einmal „SMARTe" Vertriebsziele (Voss, 2006, S.71) und eine Vertriebsstrategie formuliert werden, um ein einheitliches Verständnis unter den Mitarbeitern und einen einheitlichen Marktauftritt im operativen Tagesgeschäft zu erreichen. Eine reine Ausrichtung am Maximalprinzip genügt nicht. Für die Steuerung des Vertriebes sollte ein gewisses Maß an Kontrolle, als Bestandteils des Controllings, erfolgen (Horvarth, 2000, S.5). Auch ein Früherkennungssystem, bei Abweichungen operativer Maßnahmen vom Zielkurs, würde eine Ursachenerkennung und ein rechtzeitiges Gegensteuern bei negativen Entwicklungen durch Korrekturmaßnahmen erst ermöglichen. Die Aufbauorganisation verknüpft Organisationseinheiten durch die Vorgabe und Gestaltung ihrer Kommunikationsbeziehungen miteinander. Diese Kommunikation sollte durch ein ganzheitliches Informationsmanagement (Zahn, 2005, S. 427), als statischer Zusammenhang eines soziotechnischen Systems, über eine IT-Infrastruktur (Heinrich & Lehner, 2005, S.7 f.) koordiniert werden. Erhaltene Informationen über Kunden sollten frühestmöglich in einer Interessentenstatistik erfasst und allen Verkaufsmitarbeitern zugängig gemacht werden (Hübner, 2009, S.36). Wichtige Kundendaten wären, neben Name, Adresse und Telefonnummer, auch Kundenangaben über kaufentscheidungsrelevante Motive, den Lebensstil, Vorerfahrungen mit Fitness und die Einwilligungserklärung für aktives Telefonmarketing. Besonders die Identifizierung einer Stufenzugehörigkeit in eine der Veränderungsstadien des TTM-Modells könnte die Effektivität und Effizienz zielgruppenspezifischer Interventionsmaßnahmen erhöhen. Die Grundlage zur Verkaufsförderung bildet die Marktforschung. Diese sollte regelmäßig betrieben werden, um dynamische Anpassungen der Vertriebsstrategie an rasche Veränderungen der Märkte zu ermöglichen. Ein tiefes Potenzial wäre durch einen systematischen und strukturierten aktiven Verkauf zu erschließen (Fink, 2009, S.13). Potenzielle Kundengruppen sollten systematisch und segmentspezifisch angesprochen werden (Hofbauer & Hellwig, 2009, S. 130). Durch „Mitarbeiterprospecting", als Empfehlungskampagne des Personals, (Kotler & Bliemel, 2006, S.903) könnte das in Kontaktpersonen ruhende Mitgliederpotenzial systematisch genutzt werden. Da die „wohlwollende Empfehlung" jeder Unternehmenswerbung überlegen ist (Fink, 2009, S. 41), sollten gezielte Empfehlungsgespräche geführt und ein systematisch entwickeltes Empfehlungsmarketing eingeführt werden. Über „Superspreader" lassen sich Botschaften effizient verbreiten (Schüller, 2008, S. 108). Durch Begeisterung werden Kontaktpersonen als loyale Kunden und damit „telling customer" gewonnen und es können Kundennetzwerke aufgebaut werden (Van Eckert, 2005, S. 137).

2 Kundenorientierung

2.1 Konzept der Selbstkonkordanz – Transformation der Modi

Über die Transformationsstrategien soll das Ausmaß der Übereinstimmung der Zielintention des Kunden mit seinen persönlichen Interessen und Werten gesteigert werden. Hierbei ist das von Prochaska & DiClemente (1984) entwickelte Transtheoretische Modell (TTM), welches gesundheitsrelevante Verhaltensänderungen beschreibt, mit seinen fünf Stadien der Veränderung (Stages of Change) behilflich. Motivation entsteht durch die Aktivierung von Motiven. Das Herausarbeiten von Motiven und Bedürfnissen ist somit eine zentrale Voraussetzung für die Entstehung von Motivation und somit den Verkauf und die dauerhafte Inanspruchnahme der Dienstleistung „Fitnesstraining".

2.1.1 Strategie zur Transformation des externalen Modus in den introjizierten Modus

2.1.1.1 Strategie

Der Kunde, der die Zielintention „Fitness", bislang ausschließlich durch äußere Gegebenheiten oder Anreize motiviert verfolgt, soll zur Verinnerlichung der fremden Beweggründe gebracht werden.

2.1.1.2 Konkrete operative Maßnahme

Durch Nutzenargumentation zur Überzeugung (kurzfristige, personenbezogene Vorteile und Nutzen), das Aufstellen einer persönlichen Werteliste (Wertemanagement) und Verändern der Kosten-Nutzen-Waage in der Beratung sowie Bedarfsentwicklung und Bedarfsverstärkung nach der SPIN-Methode (insb. Problem-, Implikations- und Nützlichkeitsfragen zur Schaffung eines Problembewusstseins und persönlicher Betroffenheit) sollen diejenigen Motive, Wünsche, Ziele, Emotionen und Bedürfnisse des Kunden weiter aktiviert und verstärkt werden, die bereits im Verkauf elizitiert wurden, und den Kunden zur Handlung bewegt haben. Der Kunde hat seinen individuellen Nutzen bereits selbst formuliert und muss nun aus der Absichtslosigkeit bzw. Absichtsbildung (Stufe 1 und 2 der „Stages of Change" des Transtheoretischen Modells (Prochaska, DiClemente & Norcross, 1992)) zur Selbstformulierung von attraktiven und handlungswirksamen Zielen in die Vorbereitung (Stufe 3 der „Stages of Change") begleitet werden. Inhaltlich wie sprachlich ist der Kunde individuell in die Trainingsplanung einzubeziehen. Um die Sogwirkung und Anziehungskraft einer Zielformulierung zu nutzen, muss sich an den Anforderungen von Zielen mittels der SMART-Formel (Voss, 2006, S.71) orientiert werden. Demnach muss das Zielergebnis konkret und präzise in der Gegenwartsform positiv definiert und bildhaft dargestellt werden. Die Bewertung der Zielerreichung darf keinen Auslegungs- bzw. Ermessensspielraum haben. Eine anspruchsvolle und faszinierende Herausforderung, die realistisch und handlungswirksam bleibt, ist anzugehen. Jedes Teilziel (bspw. Mesozyklusziel) braucht Relevanz, also einen Bezug zur Erreichung der übergeordneten Ziele (Hin-zu-Ziele & Wünsche ohne Verneinung) und einen definierten Zeitpunkt der Zielerreichung. Gemeinsam ist daraufhin die Zielhandlung zu initiieren (Stufe 4 der „Stages of Change").

2.1.2 Strategie zur Transformation des introjizierten Modus in den identifizierten Modus

2.1.2.1 Strategie

Der Kunde, der durch fremde Beweggründe bereits die Zielintention „Fitness" herausgebildet und verinnerlicht hat, soll dahin gebracht werden, diese Beweggründe der Zielintention als so wichtig anzusehen, dass seine persönliche Zielintention im Einklang mit seinem persönlichen Überzeugungs- und Wertesystem steht und er die Entscheidung für ein Fitnesstraining als freien Selbstverwirklichungsakt betrachtet.

2.1.2.2 Konkrete operative Maßnahme

Um den Kunden sportlich aktiv in der Stufe 4 „Handlung" zu stabilisieren, sind Veränderungen im eigenen Erleben notwendig. Dies sollte durch den gezielten Einsatz von Unterstützungsmaßnahmen geschehen. Ein konkretes individuelles Feedback und insbesondere Lob sind durch den Trainer auszusprechen. Der Kunde soll dazu gebracht werden, sich durch zielorientierte Selbstgespräche, Selbstwirksamkeitsmanagement, Selbstverstärkung durch operante Konditionierung und Emotionsregulation selbst zu motivieren. Die sozialen Bedürfnisse nach Kontakt und Zugehörigkeit (Baßeler et al., 2002, S.13) sind möglichst durch die Einbindung in den Kursbereich, durch Neumitgliedertreffen, ein Bekanntmachen mit anderen Mitgliedern und Telefonmarketing in der ersten Zeit zu erfüllen.

Das Leistungsmotiv, das Motiv nach Sinngebung und das Wachstumsmotiv nach Selbstverwirklichung sind durch erste Erfolge in Re-Tests oder einem Vorher-Nachher-Bildervergleich zu aktivieren.

2.1.3 Strategie zur Transformation des identifizierten Modus in den intrinsischen Modus

2.1.3.1 Strategie

Der Kunde, dessen Zielintention aus einer freien Entscheidung aufgrund von für ihn persönlich wichtigen Beweggründen stammt, die im Einklang mit seinem persönlichen Überzeugungs- und Wertesystem stehen, soll dahin geführt werden, das angestrebte Verhalten für sich selbst als so wichtig zu erachten, dass er gar keine äußerlichen und verinnerlichten Beweggründe mehr benötigt. Er soll Spaß am Training und seiner Verhaltenskonsistenz empfinden und um des Trainings selbst willens trainieren. Die Selbstkonkordanz der Zielintention begünstigt ein erfolgreiches Erreichen der Zielintention, da größere Anstrengungsbereitschaft aufgebracht werden kann und es leichter fällt, selbstkonkordante Ziele gegenüber konkurrierenden Zielen abzuschirmen (Göhner & Fuchs, 2007, S. 11 f.).

2.1.3.2 Konkrete operative Maßnahme

Um zu erreichen, dass das Sporttreiben aus Spaß heraus geschieht und den Kunden somit dauerhaft in die Stufe 5 „Aufrechterhaltung/Stabilisierung" der „Stages of Change" zu begleiten, sollten während des Trainings möglichst viele Bedürfnisse befriedigt werden. Das Sicherheitsbedürfnis nach Zukunftsvorsorge, die sozialen Bedürfnisse nach Kontak, Zugehörigkeit und Freundschaft, die Ich-Bedürfnisse nach Anerkennung, Bestätigung von Außen, Status und Erfolg und das Wachstumsbedürfnis nach Selbstverwirklichung (Baßeler et al., 2002, S. 13) können durch Motivationskampagnen, Wettbewerbe, und Aktionen stimuliert werden. Kommunikationspolitische Maßnahmen wären Club-in-Club-Systeme (Kundenclubs), persönliche Kommunikation (individuelles Feedback, Lob, Trainingsüberwachung), Telefonmarketing, der Aufbau spezifischer Kommunikationskanäle, Mailings mit hohem Nutzenwert, Kundenforen oder Kundenevents.

2.2 Kundenbindung in den ersten 5-12 Wochen (Motivationsloch)

Tab. 4: 5 Maßnahmen zur Reduktion der Abbruchsquote

Maßnahme	Umsetzung	Begründung
1. Maßnahme	P anung der konkreten nächsten Tra n ngsterm ne nach der E nwe sung n den Tra n ngsp an a s Zukunftsschr tt zum Starten des Z e prozesses n den nächsten 72 Stunden (Kuster et a ., 2011, S. 406 ff.)	Herste en von Verb nd chke t bzg . der Tra n ngster m ne nha tung durch e ndeut ge Term n erung
2. Maßnahme	Anb eten von e n oder zwe we teren	Gegensteuern & Verme den von anfäng cher Uns cher

	Tra nerstunden zur Überprüfung des Zurechtf ndens m t der Tra n ngsp anung	he t und Überforderung
3. Maßnahme	Förderung von Tra n ngspartnerschaften durch Br ng a fr end Akt onen	Das Bez ehungs und Kontaktmot v zäh en zu den w ch t gsten Mot ven e nes Menschen (Hofbauer & He w g, 2009, S 446 ff.) und Empfeh ungen st mu eren das mensch che Be ohnungssystem (Schü er, 2008, S.17).
4. Maßnahme	Te efonmarket ng n der ersten Ze t	D e Kunden füh en s ch ernst genommen und durch Beschwerdest mu erung und Prob embese t gung kann etzt ch Kundenzufr edenhe t entstehen.
5. Maßnahme	Schne es Durch aufen zwe er komp etter Mesozyk en n den ersten 12 Wochen der Tra n ngsgesta tung	Das Le stungsmot v w rd akt v ert und entw cke t. Zwe Re Tests und dre Tra n ngsp anungen machen erste Erfo ge messbar. D e Mot vat onsw rkung von Kennzah en w rd auf d e Tra n ngsbewertung übertragen (Wöhe, 2002, S.15 f).

2.3 Zusatzverkäufe

2.3.1 Zusatzverkaufsstatistik 2015

Tab. 5: Zusatzverkaufsstatistik 2015

Zusatz e stung	Beschre bung und Pre se (d e M tg ederzah en s nd Durchschn ttswerte)	Gesamtumsatz m t Zu satz e stung n 2015	Ante an Zusatzver käufen
Gruppentra n ngsbe re ch „Kampfsport gruppe"	78 erwachsene M tg eder (39€/Monat), 27 K nder, Jugend che & Studenten (29€/Monat), 15 F tnessstud om tg eder m t ermäß gter Zusatz e stung „Kampfsport" (10€/Monat), Aufnahmegebühr „Kampfsportgruppe" (25€ e nma g für a e Kampfsport er)	Erwachsene: 36.504€, Jugend: 9.396€, Ermäß gt: 1.800€, 50 Aufnahmen: 1.450€, Gesamtumsatz „Kampf sport": 49.150€	49,62%
We nessbere ch	Nutzung Sauna, Ruhebere ch, Sw mm ng Poo & Saunagarten: 220 Dauerm tg eder (10€/Monat), 1440 Tageskarten (11€ e nma g), 73 ermäß gte Tageskarten für F tnessstud o m tg eder (5€ e nma g)	Dauerm tg eder: 26.400€, Tageskarten: 15.840€, Ermäß gt: 365€, Gesamtumsatz „We ness": 42.605€	43,01%
Thekenbere ch	d verse Getränke (3.720 Stück), Prote nr ege & Prote npu ver (876 Stück)	Getränke: 6.200€, Prote nprodukte: 1.080€, Gesamtumsatz „Theke": 7.280€	7,35%

Die Zusatzleistungen im Bereich „Kampfsport" sind mit 49,62% an den Zusatzverkäufen und 13,21% am gesamten Unternehmensumsatz ein wichtiges Leistungsmerkmal im Angebotsprogramm. Selbiges gilt für Zusatzleistungen im Bereich „Wellness" mit 43,01% an den Zusatzverkäufen und 11,45% am Gesamtumsatz. Beide Bereiche könnten durch ein marktorientiertes und zielgruppenspezifisches Marketing ausgebaut werden. Der Bereich „Theke" ist mit 7,35% an den Zusatzverkäufen und 1,96% am Gesamtumsatz mit einem Jahresspartenumsatz von 7.280€ (der Jahresumsatz pro Mitglied im

Bereich „Theke" betrug 2015 gerade einmal 9,10€) nicht pareto-effizient und unrentabel, aber trägt zur Kundenzufriedenheit bei.

2.3.2 Ideensammlung Angebotsprogrammdiversifikation im Bereich „Zusatzverkäufe"

Tab. 6: Zusatzleistungsdiversifikationsmöglichkeiten

Le stung	Angebotspräsentat on & Pre svorste ung
1. Persona tra n ngs	B sher werden ke ne Persona tra n ngsstunden angeboten. D e Mög chke t s ch a s kompeten ter Prob em öser zu prof eren b e bt ungenutzt. E ne rege mäß ge nd v due e Tra n ngsbe treuung so te für betreuungs ntens ve Kunden angeboten werden. E ne Nachfrage besteht bere ts. D es wäre momentan aufgrund der mange nden ze t chen Aus astung der hoch qua f z erten (DHfPG) Tra ner sogar ohne Persona mehraufwand mög ch. Für d e Startphase so te e ne Persona tra nerstunde m F tnessbere ch unter Berücks cht gung von Lohn und Lohnnebenkosten pre s ch zw schen 80 90€ egen. Es so te e ne Z e gruppe m t gehobenem E nkommen angesprochen werden. E n erfo gre ches Verkaufsargument könnte „Eff z enz durch Kompetenz" se n, da e ne Ze tersparn s, dadurch dass „d e r cht gen D nge, r cht g ge macht werden" das Kundensegment z e gruppenspez f sch anspr cht.
2. Wettkampfsparr ng	Gerade m Bere ch „Kampfsport" könnte e ne E ns zu E ns Betreuung n Form von Sparr ngs stunden für e ne profess one e Wettkampfvorbere tung angeboten werden. Es stehen bere ts WAKO zert f z erte und wettkampferfahrene K ckboxtra ner zur Verfügung und könnten, wen g kosten ntens v, fre geste t werden. Auch räum ch wären ke ne Zusatzkapaz täten notwend g. Es g bt kaum M tbewerber n d esem spez en Marktsegment, was s ch günst g auf d e Pre s sens b tät ausw rken könnte. Es besteht bere ts Nachfrage, we che noch durch e n z e grup penspez f sches Empfeh ungsmarket ng gefördert werden könnte. Der Pre s so te zw schen 80 130€ egen. D e Z e gruppe s nd wettkampfamb t on erte Kampfsport er. D e Verkaufsar gumente „hochprofess one e Sport erbetreuung auf Wettkampfn veau" und „Erfo g durch Vorbere tung" funkt on eren be der Kampfsportz e gruppe bere ts n wen ger nd v due en Angebotssparten sowoh m Jugendsegment a s auch m Erwachsensegment.
3. Tra n ngsw ssen schaft che Ana ysen	B sher werden ed g ch Mehrw ederho ungskrafttests für d e Intens tätsbest mmung der ILB Methode und anderer Tra n ngsprogramme sow e Krafttests nach dem subjekt ven Be as tungsempf nden angeboten. Um das Qua tätsempf nden und dam t d e Kundenzufr edenhe t und Kundenb ndung zu ste gern, so ten umfangre chere Mög chke ten der Le stungsana yt k angeboten werden. Mög chke ten wären B o mpedanz Ana ysen, und Hautfa tenmessungen für Fre ze tsport er und Bodybu der, Best mmungen von BMI , Ta e Hüft Quot ent und B ut druckmessungen für Fre ze t und Gesundhe tssport er, Cooper Tests zur Best mmung der aerob anaeroben Schwe e sow e Messungen der max ma en Herzfrequenz für Ausdauer sport er, 1 RM Test, X RM Tests und Funkt onsgymnast sche Krafttests (Spr ng et a . usw.) für Kraft und Fre ze tsport er, e ektron sches Messp atzboxen oder kampfsportspez f sche Ge schw nd gke ts und Kraftausdauertest für K ckboxer. Auch Kooperat onen m t externen Anb etern wären e ne gute Mög chke t, so könnten sowoh d verse Ernährungsprogramme oder ana ysen a s auch Laktatmessungen, Bewegungsana ysen, Lungenfunkt onstests, Messungen des Sch agvo umens, des Herzm nutenvo umens, des Hämatokr ts oder arter e en A ters (ad phea, vascass st) verm tte t werden. Der ntra nd v due e Le stungsverg e ch wäre für e ne nte ektue e Z e gruppe a s Verkaufsar gument für e stungs und gesundhe tsor ent erte Sport er gut e nsetzbar und würde vorhande ne sow e verm tte bare Kompetenz besser kommun z eren. E n e ngäng ger S ogan wäre „W ssen wo man steht".

3 Teams, Motivation & Führung

3.1 Teamentwicklung

Tab. 7: Vier Phasen der Teambildung (Tuckman, 1965) mit jeweils zwei Unterstützungsmaßnahmen des Teamleiters

Teamb dungs phase nach Tuckman (1965)	Teamentw ck ungsunterstützungsmaßnahmen des Team e ters
Phase 1: „Form ng"	Maßnahme 1: Umfangre ches Vorste en a er Teamm tg eder, der Aufgaben, Zuständ gke ten, Arbe tsab äufe, wechse se t gen Abhäng gke ten, Z e e und Verha tensrege n
	Maßnahme 2: Förderung von Aufwärtskommun kat on n der Aufbauorgan sat on, M tw rkung von M tarbe tern be der Erste ung des Unternehmensz e s
Phase 2: „Storm ng"	Maßnahme 1: Persona entw ck ungsgespräche und Feedback Gespräche führen, um „b nde F e cken" aufzudecken und d e Entw ck ung e nes Konf ktmed at onsverfahrens m Team um unter schwe ge, offen ausgetragene und zukünft ge Konf kte nachha t g ösen zu können und konstruk t ve Komprom sse be m Austragen von Konf kten zu fördern
	Maßnahme 2: Lob für erste Erfo ge, um dem Gefüh mühsam Vorwärtszukommen bzw. St zu stehen entgegenzuw rken und Anerkennung für kooperat ve Le stungen und Informat onsaus tausch be m Durch , Er , und Über eben d eser offen kommun z erten und voraussehbaren Prob emphase
Phase 3: „Norm ng"	Maßnahme 1: Förderung und Wertschätzung des Erfo gspotenz a s „Teamarbe t", a s d e koopera t ve, z e or ent erte Arbe t von Fach euten an e ner geme nsam def n erten Aufgabe, be Integrat on untersch ed chen Fachw ssens und nach best mmten, geme nsam festge egten Rege n (Ge ert & Nowack, 2010, S. 24)
	Maßnahme 2: Betonung geme nsamer Erfo ge und Erk ärung der Erfo ge durch Teamarbe t und Informat onsaustausch zur Stärkung der „W r Gefüh s" und Vertrauens
Phase 4: „Perform ng"	Maßnahme 1: Nutzung des entstandenen Potenz a s der effekt v und eff z ent arbe tenden H gh Performance Teams (Van W nsen, 2000), des gegense t gen Vertrauens, der gegense t gen Ak zeptanz, Wertschätzung und Loya tät, der pos t ven Arbe tsatmosphäre, der Fäh gke t zur Se bst organ sat on und e genen We terentw ck ung und der konstrukt ven Aufgabenbewä t gung zur best mög chen Erre chung der Unternehmensz e e
	Maßnahme 2: Entw ck ung von Verbesserungsmög chke ten m Teamb dungsprozess zur künft gen Teamneub dung durch Integrat on neuer M tarbe ter

Besonders gefordert ist der Teamleiter in der Phase „Storming", da es persönliche Konflikte durch das Aufeinandertreffen von unterschiedlichen Persönlichkeiten und Arbeitsweisen zu überwinden gilt. Er muss ein Konfliktmediationsverfahren implementieren und Kompromissbereitschaft fördern und Feedback über „blinde Flecken des Johari-Fensters" (Fengler, 2009, S.17) geben, darf sein Team dabei jedoch nicht demotivieren. Feedback hebt die Motivation (Fengler, 2009, S.22) und ermöglicht, die Beziehungen zwischen den Personen zu klären, was ein besseres gegenseitiges Verstehen unterstützt (Gellert & Nowack, 2010, S.56). Bei der Teamentwicklung trägt Feedback wesentlich zum Gelingen von Kommunikation zwischen Einzelnen und in Gruppen bei (Gellert & Nowack, 2010, S.55). Die Bedürfnisse der Mitarbeiter nach Sicherheit, Zugehörigkeit, Anerkennung und Talententfaltung müssen bestmöglich erfüllt werden, um eine positive Arbeitsatmosphäre und ein „Wir-Gefühl" zu erreichen. Der Ausschluss von Mitarbei-

tern durch Cliquenbildung ist zu erwarten und ihm ist aktiv gegenzusteuern. Gegenseiti-
ger Respekt, Vertrauen, Toleranz und Teambalance müssen als unabdingbare Erfolgs-
grundlage betrachtet werden. Lob für erste, kleine Erfolge sowie gegenseitige Anerkennung, Wertschätzung und Respekt ist zu kommunizieren, um das Gefühl des Stillstan-
des zu mindern. Entwicklungspotenziale, Zukunftschancen, eine Vision und der Wert
kollektiver Weisheit müssen vorstellbar werden und individuelle Stärken, Schwächen,
Persönlichkeitsstrukturen, Arbeitspräferenzen und Teamrollen entdeckt, ggf. gefördert
und richtig eingesetzt werden. Führungsgrundsätze bewirken ein funktionell erwünsch-
tes Verhalten der Führungskräfte, das auch an den Bedürfnissen der Menschen ausgerichtet ist (Malik, 2007, S.78).

3.2 Motivation

„Gruppenprovisionen sind in der Fitnessbranche die beste Möglichkeit die Mitarbeiter
im eigenen Unternehmen dauerhaft zu motivieren"
Diese Aussage ist sehr kritisch zu betrachten, da Provisionen stets nur die weniger
nachhaltige extrinsische Motivation fördern. Sprenger (2010, S. 117) vergleicht extrinsische Motivationsanreize mit Doping und verweist auf die Gefahr auf derartige Anreize
so fixiert zu sein, ohne zu merken, dass man sich verausgabt. Das Augenmerk bei der
Erfolgsbeurteilung wird durch diese äußeren Anreize auf eine Förderung einer kurzfris-
tigen Erfolgsrealisierung gelenkt. Mitarbeiter wollen ein beruflich erfülltes Leben mit
sozialer Verantwortung und einer werte- und mitarbeiterorientierten Unternehmenskul-
tur und schon lange nicht mehr nur Geld. Gerade für Wissensarbeiter spielen immateri-
elle Anreize eine zunehmend große Rolle. Ein grundlegender Wertewandel spiegelt sich
in kognitiven Präferenzen, Entscheidungsregeln und konkretem Verhalten wieder. Um
die Loyalisierungstreppe des Mitarbeiters zu nutzen (Schüller & Fuchs, 2006, S.140)
bedarf es in der heutigen komplexen Wirtschaftswelt eines Paradigmenwechsels in der
Führungskultur. Bei schlechter Führung, die hauptsächlich auf Motivation ausgerichtet
ist, stellen die Wissensarbeiter immer weniger ihres Wissens bereit oder gehen irgend-
wann (Sprenger, 2010, S. 28). „Aufmerksamkeit schenken" und „Wertschätzung zei-
gen" sind zu ökonomischen Ressourcen geworden (Van Eckert, 2005, S. 283). Dauerhafte Motivation und Mitarbeiterbindung sollte durch Sozialverträglichkeit, Kundenori-
entierung, Individualisierung, Flexibilisierung, Professionalisierung und Akzeptanzsi-
cherung im Personalmanagement angestrebt werden. Interessant sind Zielselbstformu-
lierungen, Work-Life-Balance-Konzepte, flexible Arbeitszeiten, Flexible human res-

sources Systeme und Mitarbeiterbeteiligungssysteme, die langfristige Erfolgs- und Kapitalbeteiligungen umfassen (Nicolai, 2009, S. 172).

3.3 Führung

3.3.1 Einordnung des Leadership-Styles aus Fallbeispiel 1

Die exakten, bis ins kleinste Detail aufgegliederten Vorgaben und Anweisungen der „To Do-Listen", die starke Kontrolle und Sanktionierung sind Kennzeichen eines direktiven Führungsstiles, der auf unmittelbaren Gehorsam und strenge Überwachung zielt. Der direktive Stil mag in Krisensituationen und bei relativ einfachen Aufgaben gut anzuwenden sein. Im Beispiel werden Verbesserungsvorschläge als Schnappsideen und Hirngespinste abgetan und ausgeredet. Gegenüber motivierten und kompetenten Mitarbeitern und bei komplexen Aufgaben ist der direktive Stil in seiner Wirkungskraft eingeschränkt. Die im Dienstleistungsbereich wichtigen Erfolgspotenziale „Mitarbeiterqualifikation" und „Aufwärtskommunikation" bleiben ungenutzt.

3.3.2 Einordnung des Leadership-Styles aus Fallbeispiel 2

Die intensive Kommunikation, Mitarbeit, Selbstverwirklichung und Harmonie sowie die gemeinsame Ziel- und Maßnahmenplanung im Fallbeispiel sprechen für das Vorliegen eines affiliativen Führungsstils. Dieser Führungsstil zielt auf Harmonie und Konsens und kommuniziert viel persönliche Wertschätzung, um eine vertrauensvolle Zusammenarbeit aufzubauen, wenn die Zustimmung aller für den Erfolg unerlässlich ist. Weniger geeignet ist der affiliative Stil in Krisen und komplexen Situationen, die eine klare Orientierung erfordern oder wenn sachorientierte Mitarbeiter zu führen sind.

4 Controlling

4.1 Kennzahlen im Vertrieb

Es wird die Entwicklung der Kennzahlen im Vertrieb des 2. Quartals 2016 dargestellt.

4.1.1 Telefonquote

Tab. 8: Telefonquoten des 2. Quartals 2016

Monat	Apr	Ma	Jun
Anzah 1 (Anzah der vere nbarten Beratungsterm ne)	35	24	19
Anzah 2 (Anzah der Interessentenanrufe)	46	29	24
Te efonquote (Anzah 1 : Anzah 2 x 100)	76,08 %	82,75 %	79,16 %

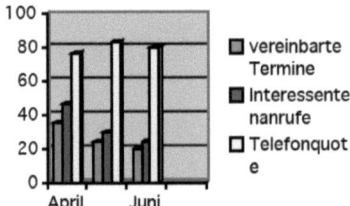

Abb. 1: Telefonquoten des 2. Quartals 2016

Die Telefonquoten des 2. Quartals 2016 waren auf hohem Niveau nahezu konstant bei 76,08-82,75%.

4.1.2 Termineinhaltungsquote

Tab. 9: Termineinhaltungsquoten des 2. Quartals 2016

Monat	Apr	Ma	Jun
Anzah 1 (Anzah der ersch enenen Beratungsterm ne)	30	20	16
Anzah 2 (Anzah der vere nbarten Beratungsterm ne)	35	24	19
Term ne nha tungsquote (Anzah 1 : Anzah 2 x 100)	85,71 %	83,33 %	84,21 %

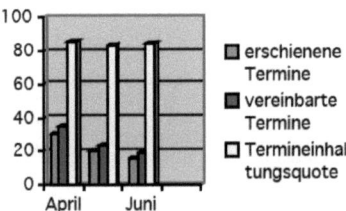

Abb. 2: Termineinhaltungsquoten des 2. Quartals 2016

Auch die Termineinhaltungsquoten des 2. Quartals 2016 waren auf hohem Niveau nahezu konstant bei 83,33-85,71%.

4.1.3 Abschlussquote

Tab. 10: Abschlussquoten des 2. Quartals 2016

Monat	Apr	Ma	Jun
Anzah 1 (Anzah der abgesch ossenen M tg edschaften)	23	16	12
Anzah 2 (Anzah der durchgeführten Beratungen)	30	20	16
Absch ussquote (Anzah 1 : Anzah 2 x 100)	76,66 %	80 %	75 %

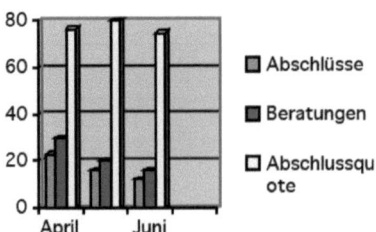

Abb. 3: Abschlussquoten des 2. Quartals 2016

Ebenso waren die Abschlussquoten des 2. Quartals 2016 auf hohem Niveau nahezu konstant bei 75-80%. Der Branchendurchschnitt liegt bei ca. 60%.

4.1.4 Fazit zu Vertriebskennzahlen

Bei einer gesamtsystemischen Betrachtung des Verkaufsprozesses, bestehend aus Telefonquote, Termineinhaltungsquote und Abschlussquote, zeigt sich, dass alle drei Quoten nahezu konstant sind. Die Verwertung vertrieblicher Chancen ist beinahe gleichbleibend hoch. Variabel hingegen ist die Anzahl der Interessenten, in Folge dessen auch die absolute Anzahl der Abschlüsse. Der unternehmerische Hebel ist bei der Generierung von Interessenten im Marketing anzusetzen. Die Nachfrage ist sehr elastisch. Der Nachfragerückgang im 2. Quartal 2016 erklärt sich neben zu vermutenden saisonalen Schwankungen vor Allem aus der abklingenden Wirkung einer Online-Marketingmaßnahme.

4.2 Fluktuationsquote

Tab. 11: Fluktuation 2015 & Fluktuationsszenario mit um 5% gesenkter Fluktuation

	Rea e F uktua t on 2015	F uktuat onsszenar o m t FQ2=19,44 % = 24,44 % 5%	D fferenz zw schen rea er F uktuat on und F uktuat onsszenar o
Durchschn tt cher Kundenbestand	769	769	
Abgänge	188	150 = 769 x 0,1944	
F uktuat onsquote (FQ=Abgänge : durchschn tt chen Kundenbestand)	24,44 % = FQ1	19,44 % = FQ2	5 % = FQ1 FQ2
Kundenbestand aus 2015 m Fo gejahr 2016 (ohne Neukunden)	581	619	38 = 619 581
Umsatz des Kundenbestands aus 2015 m Fo ge jahr 2016 be durchschn tt chem M tg edsbe trag von 480€ (ohne Neukunden)	278.880 €	297.120 €	18.240 € = 297.120 € 278.880 €

Im Jahr 2015 lag der durchschnittliche Kundenbestand bei 769 Mitgliedern. Im Verlauf des Jahres 2015 wurden davon 188 Mitglieder verloren. Dies entspricht einer Fluktuation von 24,44 %. Ohne Beachtung der Neukundenzugänge würde im Folgejahr mit den verbleibenden 581 Mitgliedern, bei einem durchschnittlichen Jahresmitgliedsbeitrag von 480€, ein Umsatz von 278.880€ erzielt werden. Könnte die Fluktuationsquote, wie im Fluktuationsszenario (Tab. 11, Spalte 3) beschrieben, von 24,44 % um 5 % auf 19,44 % gesenkt werden, wären im Jahr 2015 nur 150 Mitglieder verloren gegangen und man könnte, mit den verbleibenden 619 Bestandskunden im Folgejahr 2016, 297.120€ Umsatz erzielen, was einem Mehrumsatz von 18.240€ entspricht.

5   Literaturverzeichnis

Bänsch, A. (2006). *Verkaufspsychologie und Verkaufstechnik* (8. Aufl.). München: Oldenbourg.

Baßeler, U., Heinrichs, J. & Utecht, B. (2002). *Grundlagen und Probleme der Volks wirtschaft* (17., überarbeitete Aufl.). Stuttgart: Schäffer-Poeschel.

Bauer, J. (2006). *Warum ich fühle, was du fühlst* (13. Aufl.). München: Vahlen.

Bruhn, M. & Hadwich, K. (2006). *Produkt- und Servicemanagement*. München: Campe.

Fengler, J. (2009). *Feedback geben* (4. Aufl.). Weinheim: Beltz.

Fink, K. (2009). *Empfehlungsmarketing* (4. Aufl.). Wiesbaden: Gabler.

Gellert, M. & Nowak, C. (2010). *Ein Praxisbuch für die Arbeit in und mit Teams* (4. Aufl.). Meezen: Limmer.

Göhner, W. & Fuchs, R. (2007). *Änderung des Gesundheitsverhaltens. MoVo Gruppen programme für körperliche Aktivität und gesunde Ernährung*. Göttingen: Hogrefe.

Haeske, U. (2008). *Kommunikation mit Kunden* (2. Aufl.). Berlin: Cornelsen.

Heinrich, L. J. & Lehner, F. (2005). *Informationsmanagement. Planung, Überwachung und Steuerung der Informationsinfrastruktur* (8., vollständig überarbeitete und ergänzte Aufl.). München: Oldenbourg.

Herman-Ruess, A. (2006). *Sell Limbic – Einfach verkaufen*. Göttingen: Business Village.

Hofbauer, G. & Hellwig, C. (2009). *Professionelles Vertriebsmanagement* (2. Aufl.). Erlangen: Publicis.

Horvarth, P. (2009). *Controlling* (11. Aufl.). München: Vahlen.

Hübner, S. (2009). *Service macht den Unterschied*. München: Oldenbourg.

Jung, H. (2006). *Personalwirtschaft* (7. Aufl.). München: Oldenbourg.

Katzengruber, W. (2007). *Die neuen Verkäufer* (3. Aufl.). Weinheim: Wiley.

Knapp, M. & Neef, M. (2005). Einsatz von Persönlichkeitstypologien in der deutschen Wirtschaft. *Wirtschaftspsychologie aktuell*, (3), 31.

Kotler, P. & Bliemel, F. (2006). *Marketing-Management. Analyse, Planung und Ver wirklichung* (10., überarbeitete und aktualisierte Aufl.). München: Pearson.

Kuster, J., Huber, E., Lippmann, R., Schmid, A., Schneider, E., Witschi, U. et al. (2011). *Handbuch Projektmanagement* (3., erweiterte Aufl.). Berlin (u.a.): Springer.

Malik, F. (2007). *Management*. Frankfurt/Main: Campus.

Nicolai, C. (2009). *Personalmanagement* (2., neubearbeitete Aufl.). Frankfurt/Main: Lucius & Lucius.

Olfert, K. (2006). Organisation. In K. Olfert (Hrsg.). *Kompendium der praktischen Betriebswirtschaft* (14. Aufl.). Ludwigshafen: Kiehl.

Prochaska, J.O. & DiClemente, C.C. (1984). *The transtheoretical approach: Crossing the traditional Boundaries of Therapy.* Homewood IL: Dow-Jones/Irwin.

Prochaska, J.O., DiClemente, C.C. & Norcross, J.C. (1994). *Changing for good. A revolutionary six-stage-program for overcoming bad habits and moving your life positively forward.* New York: Harper Collins.

Schödel, S. (2005). *Wechselwirkung zwischen Kultur, Vertrauen und Management.* Wiesbaden: Deutscher Universitätsverlag.

Schüller, A. & Fuchs, G. (2006). *Total Loyalty Marketing* (3. Aufl.). Wiesbaden: Betriebswirtschaftlicher.

Schüller, A. (2008). *Zukunftstrend Empfehlungsmarketing* (3. Aufl.). Göttingen: Business Village.

Sickel, C. (2010). *Verkaufsfaktor Kundennutzen* (5. Aufl.). Wiesbaden: Gabler.

Sommer, J. (2009). *Die NLP Erfolgsgeheimnisse der Spitzenverkäufer* (4. Aufl.). Offenbach am Main: Gabal.

Sprenger, R. (2010). *Mythos Motivation* (19. Aufl.). Frankfurt/Main: Campus.

Tuckman, B. (1965). Developmental sequences in small groups. *Psychological Bulletin.* 63. 348-399.

Van Eckert, H. (2005). *Praxishandbuch Vertrieb.* Berlin: Cornelsen

Van Winsen, C. (2000). *Karrieresprungbrett Hochleistungs – Teams.* Regensburg: Walhalla.

Voss, R. (2006). *BWL kompakt. Grundwissen Betriebswirtschaftslehre* (3. Auf.). Rinteln: Merkur.

Wöhe, G. (2002). *Einführung in die allgemeine Betriebswirtschaftslehre.* (21. Aufl.). München: Vahlen

Zahn, E. (2005). Informationstechnologie und Informationsmanagement. In F.X. Bea, B. Friedl & M. Schweitzer (Hrsg.), *Allgemeine Betriebswirtschaftslehre. Füh rung* (Bd. 2, 9. Aufl., S. 394-49). Stuttgart: Lucius & Lucius.

6 Abbildungs- und Tabellenverzeichnis

6.1 Abbildungsverzeichnis

6.2 Tabellenverzeichnis